BEI GRIN MACHT SICH IHR WISSEN BEZAHLT

Steigende Bildungsungleichheiten unter den Bedingungen der Pandemie. Welche Rolle spielt die Bildung der Eltern für den Bildungserfolg ihrer Kinder in Zeiten von Corona?

Felix Märtin

Bibliografische Information der Deutschen Nationalbibliothek:

Die Deutsche Nationalbibliothek verzeichnet diese Publikation in der
Deutschen Nationalbibliografie; detaillierte bibliografische Daten sind
im Internet über http://dnb.d-nb.de abrufbar.

ISBN: 9783346463616
Dieses Buch ist auch als E-Book erhältlich.

© GRIN Publishing GmbH
Nymphenburger Straße 86
80636 München

Druck und Bindung: Books on Demand GmbH, Norderstedt Germany
Gedruckt auf säurefreiem Papier aus verantwortungsvollen Quellen

Das vorliegende Werk wurde sorgfältig erarbeitet. Dennoch
übernehmen Autoren und Verlag für die Richtigkeit von Angaben,
Hinweisen, Links und Ratschlägen sowie eventuelle Druckfehler keine
Haftung.

Das Buch bei GRIN: https://www.grin.com/document/1042234

Steigende Bildungsungleichheiten unter den Bedingungen der Pandemie: Welche Rolle spielt die Bildung der Eltern für den Bildungserfolg ihrer Kinder in Zeiten von Corona?

Märtin, Felix

INHALTSVERZEICHNIS

1 EINLEITUNG

1.1 VORGEHENSWEISE UND ZIELSETZUNG

Covid-19: Etwas, das ganz unscheinbar an einem Ort wahrscheinschlich im Dezember 2019 begann, ist heute Teil unseres Alltags geworden. Das Coronavirus wurde zur globalen Pandemie und hat das Leben vieler auf den Kopf gestellt. Mit der Krise hat sich auch im Schulalltag vieles verändert. Statt der gewohnten Präsenzlehre wurde in nahezu allen Kursen auf digitale Formate umgestellt, wodurch sich viele Herausforderungen für Schulen, Schüler und Lehrende ergaben. Sehr schnell veränderte die Digitalisierung die Alltagswelt vieler Schüler und Familien. Neue Wege und Modalitäten der Meinungsbildung, der Partizipation an politischen Entscheidungsprozessen sowie der gesellschaftlichen und kulturellen Teilhabe müssen beschritten werden, was die Randbedingungen und Chancen von Bildung bedeutsam verändert hat. Wichtig ist dabei unter anderem, dass im

> „Sinne der gesellschaftlichen Teilhabe und Chancengleichheit [sichergestellt wird], dass die Bildungseinrichtungen möglichen Benachteiligungen im Zugang, in der Aneignung und im Umgang mit der Digitalisierung entgegenwirken." (Autorengruppe 2020: 231).

In dieser Ausarbeitung soll zu Beginn kurz ein Verständnis der Chancengleichheit auf Bildung aus dem Grundgesetz abgeleitet werden. Anschließend sollen erste Impulse, inwiefern die soziale Herkunft eine Rolle bei dem Bildungserfolg von Kindern einnimmt, gesetzt werden. Unter Kindern werden in dieser Ausarbeitung alle Personen vom Grundschulalter bis hin zum 18. Lebensjahr verstanden. Nachdem kurz auf einige wenige Unterschiede im Zugang und in der Nutzung von digitalen Medien bei Kindern aus unterschiedlichen Elternhäusern eingegangen wird, soll im Kern dieser Ausarbeitung deutlich werden, inwiefern speziell die Bildungshintergründe der Eltern für den Bildungserfolg ihrer Kinder eine Rolle spielen, wie sich diese Rolle durch Corona verändert hat und ob sich dadurch Bildungsungleichheiten für Kinder verschärfen, die aus weniger gebildeten Elternhäusern stammen. Dazu werden unter anderem bereits ausgewertete Daten aus dem SOEP und dem Ifo-Bildungsbarometer herangezogen. Es soll die Vermutung geprüft werden, dass der Bildungshintergrund der Eltern einen Einfluss auf den Bildungserfolg ihrer Kinder hat und sich dieser unter den Bedingungen der Pandemie zulasten der Kinder aus weniger gebildeten Familien vergleichsweise negativer auswirkt.

1

Aus Gründen der Lesbarkeit wurde in dieser Ausarbeitung ausschließlich die männliche Form gewählt, nichtsdestoweniger beziehen sich die Angaben auf Angehörige aller Geschlechter.

1.2 CHANCENGLEICHHEIT

Eine wesentliche Zusage, insbesondere unseres Bildungssystem, aber auch unserer freiheitlich-demokratischen Grundordnung, ist die Chancengleichheit nach Art. 7 Abs. 1 im Grundgesetz. Es ist daher sicherzustellen, dass jeder Mensch die gleichen Ausgangsbedingungen und Möglichkeiten beim Zugang zu Bildung hat. In diesen Zusammenhang meint Chancengleichheit nach Pfafferott (2021: 8) „die Gleichheit der Chancen beim Zugang zu Bildung, nicht die Gleichheit der Ergebnisse von Bildungsprozessen." Bildung hebt also nicht die Verschiedenheit zwischen Menschen auf, jedoch entwickeln sich durch Bildung Kompetenzen sehr unterschiedlich und können zu verschiedenen Ergebnissen führen. Diese sollten aber nahezu unabhängig von Lebensumständen und Eigenschaften sein, die der Einzelne nicht verändern kann. Bildungszugang unter den Bedingungen der Pandemie meint insbesondere die Möglichkeit, durch entsprechende digitale Infrastrukturen an Bildungs-/Lernmöglichkeiten teilnehmen zu können. Unter anderem wird in der Zeit des Onlineunterrichts, der zuvor nur eine Ausnahme darstellte, die Möglichkeit verstanden, sich im Lernprozess auf die begleitende Unterstützung der Eltern berufen zu können. Trotzt der Dringlichkeit solcher Maßnahmen, konkurrieren sie jedoch stark mit dem Gebot der Chancengleichheit. Denn erfahrungsgemäß falle die Möglichkeit zur Bildungsbeteiligung je nach sozialer Herkunft, Migrationshintergrund und Geschlecht immer wieder unterschiedlich aus (vgl. ebd.:8ff.).

1.3 EINFLUSS DER SOZIALEN HERKUNFT VON KINDERN AUF IHREN BILDUNGSERFOLG

„In every society for which we have data, people's educational achievement is positively correlated with their parents' education or with other indicators of their parents' socioeconomic status." (Björklund 2010: 4).

Weil Schule als physischer Ort, der Kindern eine Struktur vorgibt, wegfällt, besteht die Gefahr, dass insbesondere Kinder mit Lernschwierigkeiten aus sozial belasteten Familien nicht angemessen gefördert und zu Verlierern der Gesamtsituation werden. Denn für viele Kinder aus sozial schwächeren Familien ergeben sich teilweise Nachteile in den

Lernleistungen, dadurch, dass beengte Wohnverhältnisse und die damit einhergehenden geringeren Entfaltungsmöglichkeiten zu schlechteren Partizipationsmöglichkeiten zu Bildung führen, als bei Kindern, die in sozial privilegierteren Familien aufgewachsen sind (vgl. Pfafferott 2021: 8ff.). Seit Jahren ist außerdem mehrfach belegt worden, dass lange Phasen ohne Beschulung (wie bspw. in den Sommerferien) im Unterschied zu Kindern aus privilegierten Familien bei Kindern aus sozial benachteiligten Familien mit viel weniger Unterstützungsmöglichkeiten zu Rückschritten im Kompetenzerwerb führen. Obwohl man weiß, dass in Deutschland die schulischen Leistungen mit der sozialer Herkunft kovariieren, konnte dieser Zusammenhang bis heute nur sehr unzureichend aufgedeckt werden und wird durch das Homeschooling massiv verschärft. Ungleichheit ergebe sich außerdem durch Unterschiede im Zugang zu und im Umgang mit digitalen Medien (vgl. Ackeren 2020: 245f.).

1.4 UNTERSCHIEDE IM ZU- UND UMGANG IN BEZUG AUF DIGITALE MEDIEN

Wie viele Studien belegen, gibt es Familien, die teilweise ohne Internetanschluss, Computer und Drucker leben und nur sehr eingeschränkten Zugriff auf digitale Endgeräte haben. Man spricht auch von der sog. „digitalen Kluft" innerhalb unserer Gesellschaft, welche durch die Corona bedingte Digitalisierung nun stärker denn je zum Tragen kommt (vgl. ebd.: 245f.). Eine Autorengruppe (2020: 251f.) der Bildungsberichterstattung des Leibniz-Institut für Bildungsforschung und Bildungsinformation stellt fest, dass

> „Jugendliche aus sozioökonomisch privilegierten Elternhäusern (...) digitale Medien tendenziell häufiger als Lehr-Lern-Mittel [nutzen], während bei Jugendlichen mit niedrigerem sozialem Status stärker unterhaltungsbezogene Motive im Vordergrund zu stehen scheinen."

Allerdings zeigten sich in Deutschland vor Beginn der Pandemie 2018 in ICILS (International Computer and Information Literacy Study) bezüglich der Nutzung digitaler Medien außerhalb der Schule für schulbezogene Zwecke keine Unterschiede bei Kindern aus unterschiedlichen sozialen Lagen (vgl. Eickelmann 2019: 245ff.). Im Folgenden soll nun spezieller auf die Funktion der Bildungshintergründe der Eltern eingegangen werden und darauf, welche Rolle der Bildungshintergrund in der Pandemie einnimmt und für die besagten Unterschiede in der Lernleistung, im Medienumgang und -zugang bei Kindern spielt.

3

2 WIE HÄNGT DER BILDUNGSHINTERGRUND DER EL- TERN MIT DEM BILDUNGSERFOLG IHRER KINDER ZUSAMMEN?

2.1 SECOND DIGITAL DIVIDE

Vor dem Hintergrund der Annahmen des sog. „second digital divide" wird in diesem Teil auf verschiedene Studien verwiesen, die jeweils in Abhängigkeit des Bildungsniveaus der Eltern die Intensität verschiedener Aktivitäten, die Lernumgebung und Leistungsstärke ihrer Kinder untersucht haben. Dabei soll die Annahme geprüft werden, dass der Bildungshintergrund der Eltern einen Einfluss auf den Bildungserfolg ihrer Kinder hat und sich dieser unter den Bedingungen der Pandemie zulasten der Kinder aus weniger gebildeten Familien negativer auswirkt. Auf die forschungsmethodische Vorgehensweise der hier herangezogenen Studien soll dabei nur im Allgemeinen eingegangen werden. Hargittai (vgl. 2002: 1ff.) prägt den Begriff „Second (level) digital divide" und beschreibt, dass vor allem „Online Skills" eine Rolle für das Überwinden der digitalen Kluft spielen würden. Nicht nur dem Zugang, sondern auch den Kompetenzen im Umgang mit digitalen Medien, also wie schnell Informationen gefunden und verarbeitet werden können, kommt dabei eine zentrale Rolle zu. Nieysto (vgl. 2009: 8f.) ergänzt den Ansatz von Hargittai in seiner Studie und begründet, dass sowohl der Zugang zu digitalen Medien ungleich verteilt sei, als auch Unterschiede in der Qualität und Intensität der Verwendung existierten. Er schlussfolgert, dass die Nutzung digitaler Medien stark mit den Ausgangsbedingungen der Benutzer und deren sozialem Kontext zusammenhängt. Dabei prägen insbesondere familiäre Milieus, als eine wesentliche Sozialisationsinstanz, und das dort vorhandene Bildungskapital unterschiedliche Formen der Medienerziehung/-aneignung bei Kindern und Jugendlichen.

2.2 LERNUMFELD BEI BILDUNGSFERNEN FAMILIEN

Die Coronapandemie hat dem häuslichen Lebensumfeld mit Blick auf den Bildungserfolg und die Entwicklungschancen der Kinder in Deutschland einen starken Bedeutungszuwachs erbracht. Auch wenn verschiedene Outdooraktivitäten erlaubt sein mögen, verbringen Kinder gezwungenermaßen doch den größten Teil ihrer Freizeit zuhause. Daraus folgt, dass die im häuslichen Bereich zu Verfügung stehenden Mittel Einfluss darauf haben, wie Kinder ihren Tag verbringen und wie produktiv sie lernen können. Wie Geis-Thöne (2020: 2ff.) in einer eigenen Auswertung des Sozio-oekonomischen Panels

(SOEP) zeigt, können die meisten Familien ihren Kindern ein vielversprechendes Lernumfeld bieten. Doch bei Familien mit ALG-II-Bezug, Familien mit Migrationshintergrund und bildungsfernen Familien stellt sich die Lage ungünstiger dar. Geis-Thöne zeigt, wie unterschiedlich sich wesentliche Aspekte des häuslichen Lebens- und Lernumfeldes von Kindern in den Familien heute darstellen. Der im SOEP ausgewertet Teil bezieht die Ergebnisse einer Befragung von Zwölf- und Vierzehnjährigen aus den Jahren 2017 und 2108 ein, die zentrale Erkenntnisse zum häuslichen Lernumfeld der Kinder liefern und aus denen mögliche Konsequenzen für die digitale Lehre geschlossen werden können. Vergleichend zu den Zahlen aller Familien und Kindern werden mitunter Werte für bestimmte Familiengruppen aufgelistet, bei denen besondere Problemlagen befürchtet werden. Dabei soll in dieser Ausarbeitung der Fokus auf das Lernumfeld bei bildungsfernen Familien gerichtet werden. Da sich der Bildungshintergrund beider Elternteile nur schlecht auf einen Nenner bringen lässt, ist hier das ausschlaggebende Kriterium für bildungsarme Familien, wenn die Mütter über keinen berufsqualifizierenden Abschluss verfügen. Bei diesen Familien stelle sich das Entwicklungsumfeld der Kinder im Vergleich zu anderen Familien schlechter dar.

2.2.1 Auswertung der Daten

Die Situation fällt bei den verschiedenen im SOEP erfassten materiellen Ressourcen für Kinder aus bildungsfernen Familien schlechter aus als für andere Kinder. Es ist in allen Abbildungen ein Zusammenhang zwischen den für den Bildungserfolg der Kinder zur Verfügung gestellten Ressourcen und dem Bildungshintergrund der Eltern zu erkennen. Kinder in bildungsarmen Familien verfügen im Vergleich durchschnittlich weniger über einen eigenen Schreibtisch und Computer (vgl. Abb. 3.1 u. 3.4). Auch ist der Zugang zu Computern eher eingeschränkt und es finden sich tendenziell weniger Lernsoftware und Bücher zu Schulstoff im Haushalt bildungsarmer Familien (Abb. 3.2 u. 3.3). Dies könnte unter anderem Grund dafür sein, dass Kinder aus bildungsarmen Familien ihre Hausaufgaben im Schnitt seltener zuhause erledigen (können) (vgl. Abb. 3.5). Solche Defizite im häuslichen Umfeld können die Aktivitäts- und Lernmöglichkeiten erheblich, insbesondere im Rahmen von Homeschooling, einschränken und sich negativ auf die Entwicklung auswirken (vgl. ebd.: 20).

2.3 AKTIVITÄTEN DER KINDER UND DER SCHULE NACH BIL-
DUNGSABSCHLÜSSEN DER ELTERN

Bei Wößmann et al. (vgl. 2020: 25ff.) finden sich Ergebnisse, die erstmals breite Einbli-
cke in den Alltag von Kindern liefern. Um den Aktivitäten von Schulkindern während
der Schulschließung nachzugehen, wurden 2020 durch das Befragungsunternehmen Res-
pondi deutschlandweit im Rahmen der Befragung des ifo Bildungsbarometers 1099 Eltern zu ihrem jüngsten Schulkind befragt. Die Befragung bietet neue aufschlussreiche
empirische Erkenntnisse über verschiedene Einflüsse auf den Bildungserfolg von Kindern unter den Pandemiebedingungen. Wößmann et al. gehen mitunter der Frage nach,
inwiefern Unterschiede in den Aktivitäten bei Kindern von unterschiedlich gebildeten
Eltern und Unterschiede zwischen verschieden leistungsstarken Schülern existieren. Den
Eltern wurde eine Frage zu den Aktivitäten der Kinder vor und in der Zeit der Schulschließung gestellt. Weiterhin wurden die Eltern in Akademiker- (Eltern mit Fachhoch-
schulabschluss) und in Nicht-Akademikereltern unterteilt.

2.3.1 Auswertung der Daten

Was die verschiedenen Aktivitäten der Kinder in Abhängigkeit ihrer Schulleistung anbe-
langt, lässt sich in Abb. 4.1 ablesen, dass die Bereitschaft zu verschieden Tätigkeiten wie
etwa Lesen, kreative Tätigkeiten oder Bewegung, bei Leistungsstärkeren Kindern ohnehin etwas höher bewertet wurde als bei Leistungsschwächeren. Durch die Schulschließung sind diese Werte bei leistungsstärkeren Schülern jedoch höher angestiegen. Im Umgang mit digitalen Medien verbringen leistungsschwächere Kinder nach wie vor mehr
Zeit mit solchen, wobei bedacht werden sollte, dass eher unterhaltungsbezogene Motive
im Vordergrund stehen können, die sich nicht positiv auf schulischen Leistungen auswirken. Interessanterweise werden die Aktivitäten der Kinder in Abhängigkeit des Bildungs-
hintergrundes der Eltern ähnlich bewertet (Abb. 4.2). Daher lässt sich vermuten, dass ein
Zusammenhang zwischen dem Bildungshintergrund der Eltern mit den Schulleistungen
der Kinder besteht. Bei Eltern mit hohen Bildungsabschlüssen ist anzunehmen, dass ihrer
Kinder bessere Schulleistungen erbringen. Allgemein deuten die Ergebnisse darauf hin,
dass die Coronakrise die ohnehin schon bestehende Bildungsungleichheit in Deutschland
weiter verschärft haben dürfte. Die Eltern wurden auch gefragt, wie viel Zeit sie gemeinsam mit ihren Kindern verbracht haben. Während Corona ist der Wert von einer halben
Stunde auf etwa eine Stunde angestiegen (vgl. Abb. 4.3). Insgesamt ist das elterliche En-
gagement im Home-Schooling also deutlich angestiegen, jedoch ohne wesentliche

Unterschiede zwischen Akademiker- und Nicht-Akademikereltern. Jedoch fällt auf, dass das Ausgangsniveau des elterlichen Engagements bei leistungsschwächeren Schülern viel geringer ist. Bei den Aktivitäten der Schulen ist ein klarer Einfluss des Familienhintergrundes der Schüler anzunehmen (vgl. Abb. 4.4). 49% der Nicht-Akademikerkinder hatten zum Zeitpunkt der Erhebung nie Online-Unterricht. Bei den Akademikerkindern betrug der Wert nur 37%. 38% der Akademikerkinder hatten auch mindestens einmal Online-Unterricht pro Woche wohingegen der Anteil der Nicht-Akademikerkinder nur 26% betrug. Akademikerkinder hatten auch häufiger mindestens einmal pro Woche ein individuelles Gespräch mit einer Lehrperson als Nicht-Akademikerkinder. Nicht-Akademikerkinder bekamen besonders häufig bereitgestellte Aufgaben, die sie allerding seltener einreichen mussten und für die sie weniger Rückmeldung bekamen. Vieler dieser Unterschiede stellte Wößmann in ähnlicher Weise, etwas weniger stark ausgeprägt, auch zwischen leistungsschwächeren und -stärkeren Schülern fest (vgl. ebd.: 31ff.). Insgesamt wurde die durch das Homeschooling gewonnene Zeit nur unzureichend für entwicklungsfördernde Aktivitäten (z.B. Lesen oder Musizieren) genutzt. Viel mehr haben sich insbesondere die Schüler der Nichtakademikereltern mehr Zeit für passive Tätigkeiten der digitalen Medien genommen (ebd.: 38). Die Ergebnisse seien auch als Hinweise dafür zu verstehen, dass sich bestehende Ungleichheiten im Bildungssystem nach sozialem Hintergrund durch die Coronakrise weiter verschärfen könnten.

2.4 SCHULLEISTUNG DER KINDER NACH BILDUNGSAB-SCHLUSS DER MUTTER

Huebener (vgl. 2020: 1ff.) hat nach eigenen Berechnungen basierend auf Daten des SOEP gezeigt, dass sich Schulkinder je nach Leistungsniveau bedeutsam in den häuslichen Bedingungen und in den Unterstützungsmöglichkeiten durch ihre Eltern unterscheiden (vgl. Abb. 5.1). Da Kinder besonders auf die Unterstützungsmöglichkeiten der Eltern angewiesen sind, drohen Bildungs- und Leistungsunterschiede sich weiter zu verschärfen. Schlechtere Leistung der Schüler gehen meistens mit ungünstigeren Bedingungen im häuslichen Umfeld einher. Auch in dieser Studie wird wieder deutlich, dass die Schulleistungen auch signifikant mit der Bildung der Eltern zusammenhängen. Unter den leistungsstarken Schülern haben 35% der Mütter einen akademischen Abschluss, bei den leistungsschwachen nur 13%.

3 FAZIT UND AUSBLICK

Solange die Schulen nicht weiter besucht werden können und das häusliche Umfeld und die dort vorhandenen Ressourcen über den Bildungserfolg der Kinder mehr als je zuvor entscheiden, wird sich die Bildungsungleichheit zunehmend verschärfen. Denn wie gezeigt wurde, spielen für den Bildungserfolg der Kinder mitunter die Bildungshintergründe ihrer Eltern eine Rolle. Es wurden Zusammenhänge zwischen leistungsstarken Kindern und Kindern, deren Eltern Akademiker sind deutlich. Kinder aus weniger gebildeten Familien hatten einen verhältnismäßig schlechteren Zugang zu Computern und wurden im Umgang mit digitalen Medien weniger eingebunden. Vor diesem Hintergrund gewinnt die „digitale Kluft" an Bedeutung. Denn in einer Zeit, in der es für den Bildungserfolg nun besonders stark auf eine fundierte technische Ausstattung ankommt, kommen solche Unterschiede in der Ausstattung eben stärker zum Tragen, welche die Sorgen der sich weitenden Bildungsungleichheit verschärfen. Der Bildungshintergrund der Eltern, der schon vor der Pandemie eine Rolle für den Bildungserfolg der Kinder spielte, erlebt durch das Homeschooling einen starken Bedeutungszuwachs. Ackeren et al. (2020: 245) appellieren, dass insbesondere Kinder aus weniger privilegierten Milieus besonderer Berücksichtigung bedürfen.

> „Unter der Perspektive von Bildungsgerechtigkeit kann hier Bildungspolitik unseres Erachtens unkonventionell und schnell handeln, auch unter breiterer Einbindung von Lehramtsstudierenden."

Auch Pfafferott (2021: 8ff.) appelliert, dass in Zeiten des Homeschoolings

> „Kinder mit schlechteren Ausgangsbedingungen besonders stark zu berücksichtigen [seien], damit sie nicht drohen in ihrer Lernentwicklung zurückzufallen und sich Leistungsunterschiede zwischen Schülern nicht weiter vergrößern."

Weiterhin schlägt er vor, dass Sozialpädagogische Fachkräfte als Schnittstelle zwischen Schule, Elternhaus und Kind fungieren könnten, um bei drohender Benachteiligung rechtzeitig eingreifen zu können. Schulsozialarbeiter sollten auch präventiv die „Selbstorganisation, Lernfähigkeit und Selbststrukturierung" der Kinder schulen und betreuen. Auch Eltern müssen in dieser Zeit für ihre Kinder immer ansprechbar sein und sollten sie bei der zeitlichen und organisatorischen Strukturierung des häuslichen Lernens unterstützen und ihnen ggf. auch inhaltlich helfen (vgl. ebd.: 22).

4 LITERATURVERZEICHNIS

Ackeren, I.; Endberg, M.; Locker-Grütjen, O. (2020): Chancenausgleich in der Corona-Krise. Die soziale Bildungsschere wieder schließen. In: Die deutsche Schule 112 Heft 2, S. 245-248.

Autorengruppe Berichterstattung (Hrsg.) (2020): Bildung in Deutschland – Ein indikatorgestützer Bericht mit einer Analyse in einer digitalisierten Welt. Bielefeld: wbv Publikation, S. 231-297.

Björklund, A.; Salvanes, K. G. (2010): Education and Family Background: Mechanisms and Policies. In: IZA Discussion Paper No. 5002. Bonn: Institute for the Study of Labor (IZA), S. 1-7.

Eickelmann, B., Bos, W., Gerick, J., Goldhammer, F., Schaumburg, H., Schwippert, K., Senkbeil, M. & Vahrenhold, J. (Hrsg.) (2019): ICILS 2018 - Computer und informationsbezogene Kompetenzen von Schülerinnen und Schülern im zweiten internationalen Vergleich und Kompetenzen im Bereich Computational Thinking. Münster: Waxmann, S. 245-267.

Geis-Thöne, W. (2020): Häusliches Umfeld in der Krise: Ein Teil der Kinder braucht mehr Unterstützung. In: Wirtschaftliche Untersuchungen, Berichte und Sachverhalte. Köln: IW-Report, S. 2-21.

Hargittai, E. (2001): Second-Level Digital Divide: Mapping Differences in People's Online Skills. o.O, S. 1-15.

Huebener, M.; Schmitz, L. (2020): Corona-Schulschließung: Verlieren leistungsschwächere SchülerInnen den Anschluss? Berlin: Deutsches Institut für Wirtschaftsforschung (DIW), S. 2-6.

Niesyto, H. (2009): Digitale Medien, soziale Benachteiligung und soziale Distinktion. Medien und soziokulturelle Unterschiede. In: Zeitschrift für Theorie und Praxis der Medienbildung, 17, S.1-19.

Pfafferott, M. (2021): Lehren aus der Pandemie: Gleiche Chancen für alle Kinder und Jugendliche sichern. Stellungnahme der Expert*innenkommission der Friedrich-Ebert-Stiftung. Berlin: Friedrich-Ebert-Stiftung, S. 1-33.

Wößmann, L. et al. (2020): Bildung in der Coronakrise: Wie haben die Schulkinder die Zeit der Schulschließungen verbracht, und welche Bildungsmaßnahmen befürworten die Deutschen? In: ifo Schnelldienst – Leibniz-Institut für Wirtschaftsforschung an der Universität München. München, S. 25-39.

5 ANHANG

Abbildung 3-1: Eigener Schreibtisch

Kinder im Alter von 12 Jahren, Anteile in Prozent in den Jahren 2017 und 2018

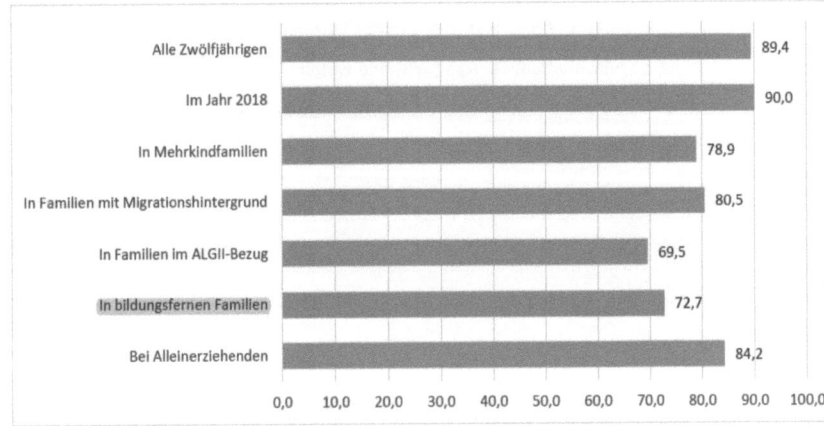

Quelle: SOEP_V35; eigene Berechnungen

Abbildung 3-2: Lernsoftware und Bücher zu Schulstoff im Haushalt

Kinder im Alter von 12 Jahren, Anteile in Prozent in den Jahren 2017 und 2018

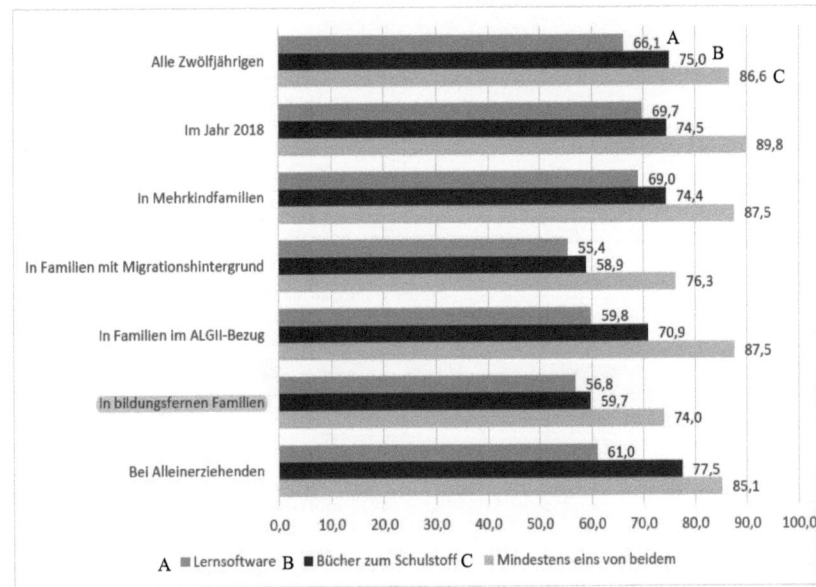

A ▪ Lernsoftware B ▪ Bücher zum Schulstoff C ▪ Mindestens eins von beidem

Quelle: SOEP_V35; eigene Berechnungen

Abbildung 3-3: Zugang zu Computern

Kinder im Alter von 12 und 14 Jahren, Anteile in Prozent in den Jahren 2017 und 2018

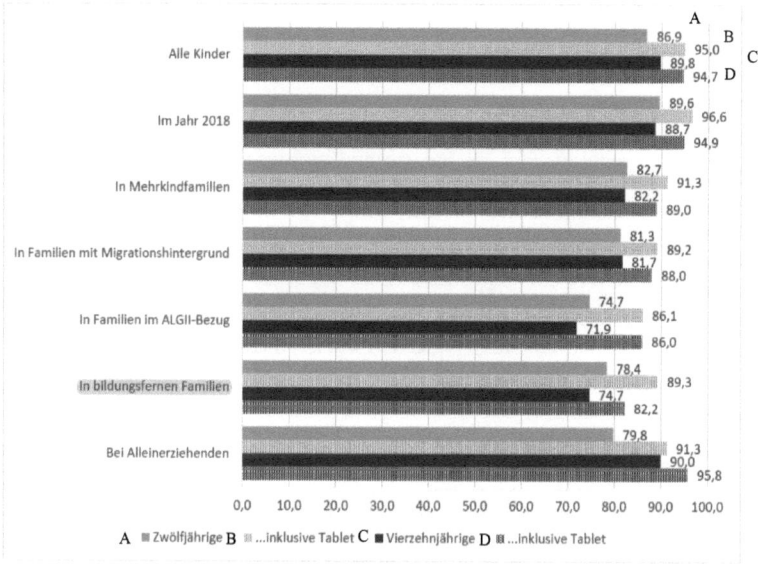

Quelle: SOEP_V35; eigene Berechnungen

Abbildung 3-4: Eigener Computer

Kinder im Alter von 12 und 14 Jahren, Anteile in Prozent in den Jahren 2017 und 2018

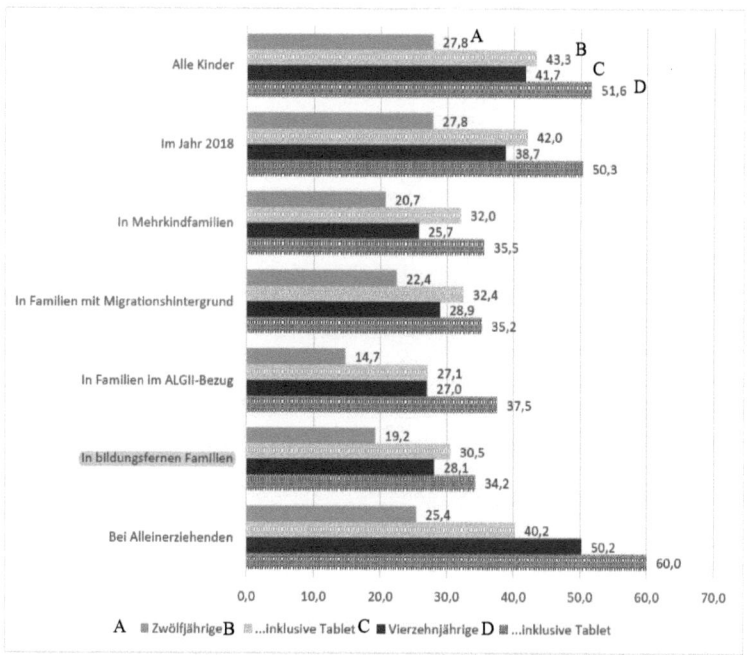

Quelle: eigene Berechnungen

Abbildung 3-5: Erledigung der Hausaufgaben normalerweise zu Hause

Kinder im Alter von 12 Jahren, Anteile in Prozent in den Jahren 2017 und 2018

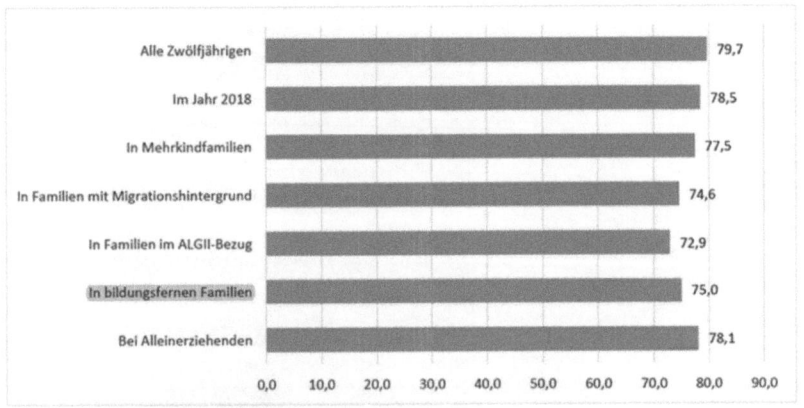

Alle Zwölfjährigen	79,7
Im Jahr 2018	78,5
In Mehrkindfamilien	77,5
In Familien mit Migrationshintergrund	74,6
In Familien im ALGII-Bezug	72,9
In bildungsfernen Familien	75,0
Bei Alleinerziehenden	78,1

Quelle: SOEP_V35; eigene Berechnungen

Womit verbrachten Schulkinder mit unterschiedlichen Schulnoten ihre Zeit?   Abb. 4.1
Besonders die leistungsschwächeren Schüler*innen ersetzten Lernen durch passive Tätigkeiten

Schulische Aktivitäten

 ■ Schulbesuch   ■ Lernen für die Schule

		Schulbesuch	Lernen für die Schule	
Leistungsschwächere Kinder	vor Corona	5,9	1,5	7,4
	während Corona	0,8 2,5 3,4	← -4,1	
Leistungsstärkere Kinder	vor Corona	5,9	1,6	7,5
	während Corona	0,9 2,9 3,9	← -3,7	

Lesen, kreative Tätigkeiten, Bewegung

 ■ Lesen/Vorlesen   ■ Musik und kreatives Gestalten   Bewegung

		Lesen/Vorlesen	Musik und kreatives Gestalten	Bewegung
Leistungsschwächere Kinder	vor Corona	0,5 0,5 1,5	2,6 +0,2	
	während Corona	0,6 0,7 1,5	2,8	
Leistungsstärkere Kinder	vor Corona	0,7 0,6 1,6	3,0 +0,4	
	während Corona	0,9 0,8 1,7	3,4	

Fernsehen, Computer, Handy

 ■ Fernsehen   ■ Computer- oder Handyspiele   ■ Soziale Medien   ■ Online-Medien

		Fernsehen	Computer- oder Handyspiele	Soziale Medien	Online-Medien
Leistungsschwächere Kinder	vor Corona	1,2 1,2 1,2	0,9 4,6 +1,7		
	während Corona	1,5 1,9 1,8	1,1 6,3		
Leistungsstärkere Kinder	vor Corona	1,2 1,0 0,9	0,8 3,8 +1,0		
	während Corona	1,4 1,3 1,2	1,0 4,8		

0   2   4   6   8
Stunden pro Tag

<u>Frage (allen Eltern von Schulkindern gestellt):</u>
Die folgenden Fragen beziehen sich auf Ihr jüngstes Kind, das die Schule besucht. Welche Aktivitäten hat Ihr Kind an einem typischen Werktag (Montag bis Freitag) vor [während] der mehrwöchigen Corona-bedingten Schulschließungen unternommen?
Kategorien: Schulbesuch, z.B. Notbetreuung; Lernen für die Schule, z.B. Aufgabenblätter bearbeiten, Videounterricht, Lernplattformen, Hausaufgaben machen; Lesen/Vorlesen (nicht für die Schule), z.B. Kinderbücher, Romane, Sachbücher; Musik und kreatives Gestalten, z. B. Instrument spielen, singen, malen, zeichnen, basteln; Bewegung, z.B. Sport, Spielen im Freien, Spaziergänge; Fernsehen; Spiele an Computer, Handy oder Spielkonsole; Soziale Medien, z.B. Facebook, Whatsapp, Tiktok, Snapchat, Instagram, Twitter; Online-Medien, z.B. Videos, Musik.

Quelle: ifo Bildungsbarometer 2020.   © ifo Institut

Womit verbrachten Schulkinder mit unterschiedlichen Familienhintergründen ihre Zeit?
Lernrückgang bei Akademiker- und Nicht-Akademikerkindern ähnlich stark, mehr passive
Tätigkeiten besonders bei Nicht-Akademikerkindern

Abb. 4.2

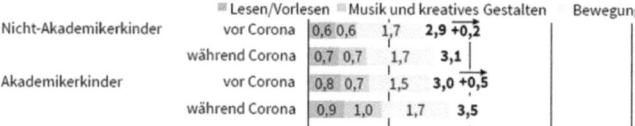
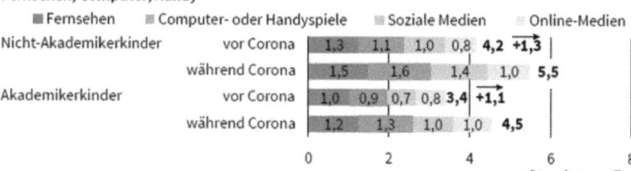

Frage (allen Eltern von Schulkindern gestellt):
Die folgenden Fragen beziehen sich auf Ihr jüngstes Kind, das die Schule besucht. Welche Aktivitäten hat Ihr Kind an
einem typischen Werktag (Montag bis Freitag) vor [während] der mehrwöchigen Corona-bedingten Schulschließungen unternommen?
Kategorien: Schulbesuch, z.B. Notbetreuung; Lernen für die Schule, z.B. Aufgabenblätter bearbeiten, Videounterricht,
Lernplattformen, Hausaufgaben machen; Lesen/Vorlesen (nicht für die Schule), z.B. Kinderbücher, Romane, Sachbücher; Musik und kreatives Gestalten, z. B. Instrument spielen, singen, malen, zeichnen, basteln; Bewegung, z.B.
Sport, Spielen im Freien, Spaziergänge; Fernsehen; Spiele an Computer, Handy oder Spielkonsole; Soziale Medien,
z.B. Facebook, Whatsapp, Tiktok, Snapchat, Instagram, Twitter; Online-Medien, z.B. Videos, Musik.

Quelle: ifo Bildungsbarometer 2020.   © ifo Institut

Wie lange lernten Schulkinder zu Hause gemeinsam mit ihren Eltern?
Deutlicher Anstieg während Corona

Abb. 4.3

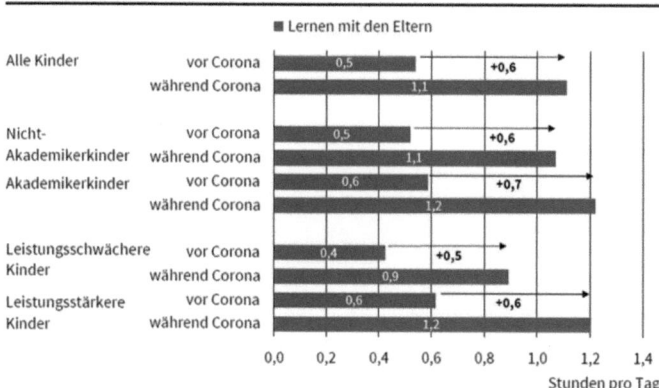

Frage (allen Eltern von Schulkindern gestellt):
Die folgenden Fragen beziehen sich auf Ihr jüngstes Kind, das die Schule besucht. Welche Aktivitäten hat Ihr Kind an
einem typischen Werktag (Montag bis Freitag) vor [während] der mehrwöchigen Corona-bedingten Schulschließungen unternommen?
Kategorie: Lernen für die Schule, z.B. Aufgabenblätter bearbeiten, Videounterricht, Lernplattformen, Hausaufgaben
machen – davon mit mir/meinem*r Partner*in.

Quelle: ifo Bildungsbarometer 2020.   © ifo Institut

Abb. 4.4

Unterschieden sich die Aktivitäten der Schulen nach dem Familienhintergrund d Schüler*innen?

Deutlich weniger Online-Unterricht und individuelle Gespräche bei Nicht-Akademikerkindern

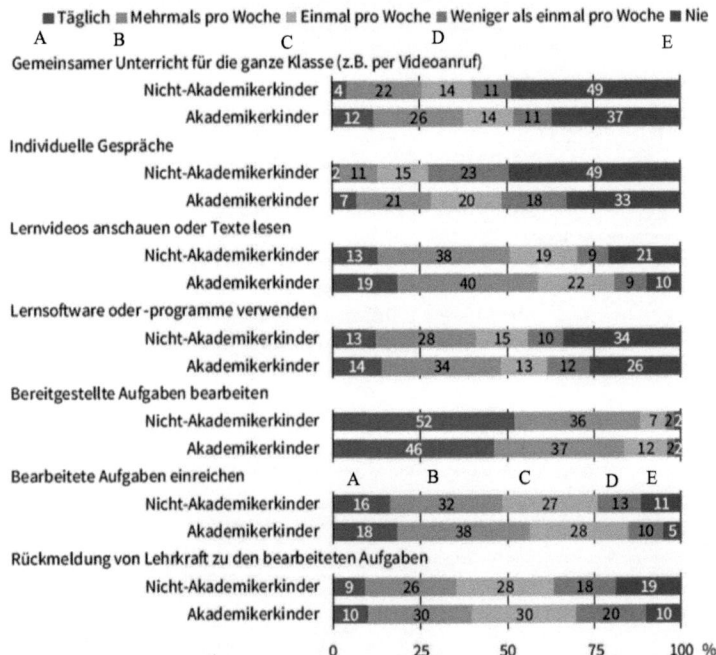

■ Täglich ■ Mehrmals pro Woche ■ Einmal pro Woche ■ Weniger als einmal pro Woche ■ Nie

Gemeinsamer Unterricht für die ganze Klasse (z.B. per Videoanruf)

	Täglich	Mehrmals pro Woche	Einmal pro Woche	Weniger als einmal pro Woche	Nie
Nicht-Akademikerkinder	4	22	14	11	49
Akademikerkinder	12	26	14	11	37

Individuelle Gespräche

Nicht-Akademikerkinder	2	11	15	23	49
Akademikerkinder	7	21	20	18	33

Lernvideos anschauen oder Texte lesen

Nicht-Akademikerkinder	13	38	19	9	21
Akademikerkinder	19	40	22	9	10

Lernsoftware oder -programme verwenden

Nicht-Akademikerkinder	13	28	15	10	34
Akademikerkinder	14	34	13	12	26

Bereitgestellte Aufgaben bearbeiten

Nicht-Akademikerkinder	52	36	7	2	2
Akademikerkinder	46	37	12	2	2

Bearbeitete Aufgaben einreichen

Nicht-Akademikerkinder	16	32	27	13	11
Akademikerkinder	18	38	28	10	5

Rückmeldung von Lehrkraft zu den bearbeiteten Aufgaben

Nicht-Akademikerkinder	9	26	28	18	19
Akademikerkinder	10	30	30	20	10

0   25   50   75   100 %

Frage (allen Eltern von Schulkindern gestellt):
Welche Aktivitäten haben die Lehrkräfte bzw. die Schule Ihres Kindes im Zeitraum während der mehrwöchigen Corona-bedingten Schulschließungen durchgeführt? Bitte denken Sie bei der Beantwortung der Fragen an die Lehrkräfte bzw. die Schule Ihres jüngsten Kindes, das die Schule besucht. Kategorien: Gemeinsamer Unterricht für die ganze Klasse (z.B. per Videoanruf oder Telefon); Individuelle Gespräche mit meinem Kind (z.B. per Videoanruf oder Telefon); Mein Kind sollte bereitgestellte Lernvideos anschauen oder Texte lesen; Mein Kind sollte Lernsoftware oder -programme verwenden; Mein Kind sollte bereitgestellte Aufgaben bearbeiten; Mein Kind musste bearbeitete Aufgaben einreichen; Lehrkräfte haben Rückmeldung zu den bearbeiteten Aufgaben gegeben.

Quelle: ifo Bildungsbarometer 2020.   © ifo Institut

Abb.5.1

Abbildung 2: **Häusliche Lernumgebung nach Schulleistung**
Anteile in Prozent

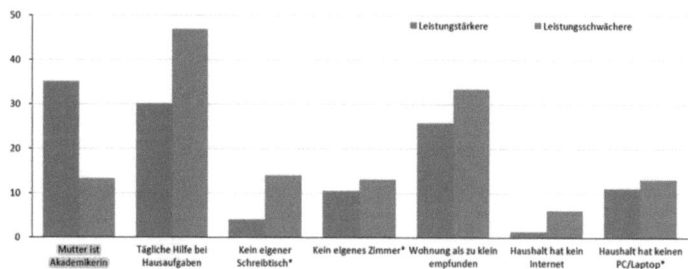

Anmerkung: Dargestellt sind Angaben zu Faktoren der häuslichen Lernumgebung. Dabei wird basierend auf der durchschnittlichen Schulnote zwischen leistungsstärkeren (Note 2 und besser), und leistungsschwächeren SchülerInnen unterschieden. * Informationen basieren auf Angaben der Kinder im Alter von elf und zwölf Jahren.

Quelle: Eigene Berechnungen basierend auf SOEP v35.